मैं भी हूँ एक...

आज़ाद चिड़िया

महिलाओं की सुरक्षा की तरफ बढ़ता एक बड़ा कदम ।

संयोग मालवीय

ISBN : 978-93-5281-635-4
फोन - 9699414516
संस्करण - 2017

किताब के बारे में

यह किताब कोई भी बहुत आसानी से पढ़कर समझ सकता है और इसमें सिर्फ जानकारियां ही है और कुछ भी काल्पनिक गतिविधि नहीं है। महिला सुरक्षा हर देश में सर्वप्रथम होना चाहिए और एक किताब का मूल मकसद यही है। इस किताब को पढ़ने के बाद कोई भी महिलाओं की सुरक्षा के बारे में जानकारी ले सकता है।

यह किताब महिलाओं को प्रेरित करने की कोशिश करेगी और उनकी हिम्मत और बढ़ाएगी। इस किताब का लक्ष्य यही है कि जितना हो सके उतनी महिलाओं की आपातकालीन समय में मदद कर सके और उन्हें सुरक्षित कर सके।

समर्पण

यह किताब सभी छोटी बड़ी उम्र की लड़की से लेकर सभी महिलाओ को समर्पित होती है। महिलाओं की सुरक्षा हर जगह होनी ही चाहिए। बढ़ते दौर में जिस तरह से तकनीकी अलग अलग शिखर पर पहुँचती जा रही है वैसे ही दुनिया भर में जुर्म भी बहुत बढ़ता जा रहा है। भारत में महिलाओं पर होते अत्याचार और जुर्म पिछले कुछ सालो में बहुत बढ़ गए है।

इसलिए यह किताब पढ़कर महिलाओं में जरूर आत्मविश्वास फिर से जागेगा जिससे वे खुदकी और सभी महिलाओं की मदद कर सकेंगी।

अनुक्रमाणिका

परिस्थिति अनुसार समाधान निकालना

अगर कोई मेरा पिछा कर रहा हो तो मुझे क्या करना चाहिए ।

अगर हो सके तो भागो। अगर आसपास लोगो की भीड़ है तो जोरो से चिल्लाओ मदद के लिए और अकेले हो तो भागो। आप अपने पास ऐसी कई चीजे रख सकती हैं जिसको समय आने पर हथियार के तौर पर भी इस्तेमाल किया जा सके जैसे कि – गाड़ी की चाबी , ऊँची हिल की सैंडल , डिओडोरेंट और लाइटर (आग पैदा करने के लिए) , छाता , कंघी या कंघा **(Comb)**

अगर कोई हथियार न हो तो आप ऐसा करे कि सबसे पहले रुक जाये और आराम से पहले उस आदमी से बात करें फिर अचानक से उसको जोर से मार के भाग जाये। कोई भी आदमी चाहे कितना भी शारीरिक रूप से मजबूत हो पर कुछ अंग बहुत ही संवेदनशील होते है जैसे की दोनों टांगो के बीच मारना, नाक में मारना, आंख में मारना या जोर से कान पे मारना।

अगर लडके एक से ज्यादा है तो ऐसे में या तो आप भाग सकते है या मारने के लिए लम्बी सी कोई वस्तु का भी इस्तेमाल कर सकते हैं। मैं खुद सभ महिलायों को छाता रखने का सुझाव देता हूँ। एक रिपोर्ट के अनुसार ज़्यादातर लड़के ऐसी लड़कियों के पास नहीं आते जिनके पास छाता होता है।

मुझे कैसे पता चलेगा कि मैं सड़क पर सुरक्षित हूँ या नहीं।

जब भी आप सड़क किनारे खड़े हो तो हमेशा आसपास होने वाली सभी गतिविधियों पर ध्यान दे। अकसर ऐसा होता है कि हम किसी से बात कर रहे होते है और आसपास का ज़रा भी कुछ अंदाज़ा नहीं होता। अगर कोई लड़का पैरो पर चलते हुए आपको लूटने या छेड़ने के इरादे से आएगा तो इस बात की ज़्यादा संभावना होगी कि या तो वो भागने के लिए छोटे पतले रस्ते को अपनाएगा। अगर कोई गाड़ी से आएगा तो ऐसे ही रास्ते पर होगा जो बड़े और खुले रस्ते हो जैसे की हाईवे के किनारे या चौड़ी सड़के। जब भी आप कहीं भी खड़े हो तो हमेशा आसपास में होने वाली गतिविधियों का ध्यान रखें।

मुझे कोई अगर फोन पर किसी बात की धमकी दे तो मुझे क्या करना चाहिए।

सबसे पहले आप उसकी सारी बातें रिकॉर्ड कर ले अपने मोबाइल में और सामने वाले का नंबर नोट कर ले। आपको गूगल प्ले स्टोर में ऐसे कई ऐप मिल जायेंगे तो कॉल रिकॉर्ड करते है। रिकॉर्ड किये गए कॉल आप पुलिस में सबूत के तौर पर दे सकते हैं। आमतौर पर ऐसे कॉल पर कोई भी महिला घबरा जाती है और चुप्पी साध लेती है पर ऐसे में जितना जल्दी हो सके उतनी जल्दी पुलिस में रिपोर्ट लिखवानी चाहिए।

अगर मैं किसी रिक्शा या टैक्सी में हूँ तो कैसे खुद को सुरक्षित रखु।

भारत में कई मामले सामने आ चुके है जिसमें महिलाओं का बलात्कार किसी टैक्सी या बस में हुआ। जब भी आप अकेले किसी टैक्सी में या रिक्शा में सफर करने वाले हो तो सबसे पहले उसमे बैठने से पहले चुपके से उस गाड़ी का नम्बर प्लेट का फोटो लेकर अपने किसी दोस्त या घरवालों को भेज दे। अंदर बैठ जाने के बाद आप फोन पे किसी से भी बात कीजिये और बातों ही बातों में जितनी जानकारी उस गाड़ी के बारे में दे सकते है दें दे। याद रहे आपको फोन पे बात करते समय ड्राइवर को शक न हो पाए कि आप उसी की गाड़ी के बारे में बात कर रहे हैं। उदहारण के तौर पे आप कुछ इस प्रकार से बात कर सकती है हैलो मैं टैक्सी में बैठ गई हूँ कुछ ही देर में घर आ जाऊंगी। टैक्सी मैंने (कोई जगह का नाम) से पकड़ी। जितना ज़्यादा आप खुद सामने से आत्मविश्वास दिखाओगे उतनी कम समभावनाएं होंगी कि आपके साथ कुछ गलत घटे। आप अपने मोबाइल में

जीपीएस का इस्तेमाल कर सकते है जगह का पता लगाने के लिए। अगर आप खुद सामने से रास्ता बताओगे तो ड्राइवर को भी लगेगा की आप इलाके में नए नहीं हो।

अगर मैं बस से अकेले सफर कर रही हूँ तो क्या मैं सुरक्षित हूँ।

आप तब तक ज़्यादा सुरक्षित है जब तक ज़्यादा भीड़ है। एक बार भीड़ कम होने लगे तो आपको भी उतर जाना चाहिए। अगर सफर लम्बा हो तो आप वो ही टैक्सी या रिक्क्षा वाला खेल खेल सकती हैं जो ऊपर बताया गया। हो सके तो हमेशा दरवाजा या आपातकालीन खिड़की के पास बैठे ताकि समय आने पर आप भाग सके। जितना हो सके उतना आस पास होने वाली सभी गतिविधि पर नजर रखे।

अगर मैं गाड़ी चला रही हूँ और कोई पीछा कर रहा हो तो मुझे क्या करना चाहिए।

अगर आपको मालुम चले कि कोई आपकी गाड़ी का पीछा कर रहा है जिसको आप नहीं जानते तो तुरंत पुलिस को फोन करें और उस गाड़ी का विस्तार दे । गाड़ी का रंग , नम्बर प्लेट के बारे में जानकारी दे। जितना हो सके उतना टेड़े मेढे रास्ते पर चलाये इससे उसका ध्यान भटकेगा। साथ ही साथ अपने मोबाइल में जीपीएस की सहायता से पुलिस स्टेशन का पता ढूंढ ले। फिर पुलिस स्टेशन का पता ढूंढ लेने के बाद अपनी गाड़ी पुलिस स्टेशन के पास ही जाकर रोके और सीधा पुलिस स्टेशन के अंदर चले जाएँ। यदि मोबाइल न हो तो आसपास किसी अस्पताल (क्योंकि अस्पताल हमेशा खुले रहते हैं) में सीधा अंदर चले जाये और वहां सारी बात की जानकारी दे। जब तक पुलिस वहां ना आये बाहर न निकले।

आदमीयों के शरीर के कुछ ऐसे हिस्से जिनपर एक ही बार मारने से आप खुद को उस आदमी से बचा सकते हैं ।

मनुष्य के शरीर में ऐसे कई संवेदनशील हिस्से होते है जहां अगर ज़ोर से वार पड़े तो वो बेहोश हो सकता है या फिर मृत्यु तक हो सकती है। जैसे कि अगर आप को आदमी कोई छेड़ रहा हो और आपको उसे मारना हो तो आप उसके नाक , आँख , गला पर मार सकते है या फिर उसके कान बहुत जोर से खींच भी सकते हैं। दोनों टैंगो की बीच मारना सरल और सबसे ज्यादा का. रगर तरीका है उसको तकलीफ देने का। इससे ज़रा भी फर्क नहीं पड़ता की सामने वाला मोटा है या लम्बा है या बहुत ताकतवर है। सही समय पर सही जगह पर पड़ने से वो उसी समय वही बैठ सकता है।

कुछ महत्वपूर्ण तकनीकियां जो हर महिला को मालूम होना चाहिए।

अवगत रहिये : अवगत का मतलब होता है अपने दिमाग को चौकन्ना रखना। अपने शरीर के सभी पांचों इन्द्रियों (दृष्टि, स्पर्श, ध्वनि, गंध और स्वाद) को अगर सही तरह से इस्तेमाल किया जाये तो यह आपको खतरे से बचाने में मदद करता है। कभी भी रास्ते में चलते हुए फोन में मत ध्यान दीजिये चाहे मोबाइल में फेसबुक देखना हो या ट्वीटर इस्तेमाल करना हो या फिर गाने सुनना हो या फिर बात ही करना हो। यह छोटी छोटी चीज़े कभी बड़ी घटना का कारण भी बन जाते है। हमेशा आसपास के माहौल की जानकारी रखें फिर चाहे सड़क पर चलना हो या बस खड़े रहना।

छोटी छोटी वस्तुओं को हथियार बनाना : आपके आसपास में ऐसी काफी चीज़े होती है जिनको समय आने पर आप हथियार के रूप में भी इस्तेमाल कर सकते हो। जैसे कि कुर्सी, कचरे का डिब्बा या फिर आपकी हील वाली सैंडल। आप चाहे तो हथियार के लिए अपने मोबाइल या गाड़ी की चाबी का भी प्रयोग कर सकते हैं।

जोर से चिल्लाना : आत्मरक्षा को ध्यान में रखते हुए चिल्लना एक तरह से बहुत जरुरी होता है। अगर कोई व्यक्ति से आपको कुछ भी तकलीफ हो रही हो तो जोर से चिल्लाये जैसे कोई छेड़ रहा हो या परेशान कर रहा हो इत्यादि। ऐसे चिल्लाने से आपको आसपास से काफी मदद मिल सकती है। अगर उसने आपका मुँह बंद कर रखा हो तो कोशिश कीजिये उसके हाथ को काटने की। मौका मिलते ही आप चिल्लाये चोर चोर। अगर आप सिर्फ

बचाओ बचाओ चिल्लायेंगी तो लोग कम आयंगे आपकी सहायता करने पर चोर चोर चिल्लाने से लोगो को मालूम को चोर के बारे में पता चलेगा और वो उसको पकड़ने दौड़ेंगे।

कांटना या नोच लेना : अपने बचाव के लिए उसको जोर से काट लेना या नाखून गड़ा देना भी एक तरह से अच्छा हथियार बन सकता है।

जितना जल्दी हो सके उनती जल्दी भागने की कोशिश करें : अगर आप किसी आपातकालीन स्तिथि में फसें हो और अगर मौका हो भागने का तो भाग जाईये।

परिदृश्य (Scenarios)

#1

अगर आप किसी रेस्टोरेंट या मॉल से वापस पार्किंग की तरफ अपनी कार में बैठने जा रहे हैं और अगर कार के ड्राइवर सीट के बाजु में कोई वैन या बड़ी कार खड़ी हो तो आप पैसेंजर सीट से अपने गाडी में बैठिये। अकसर ऐसा होता है कि वापस आते समय लोग जल्दी जल्दी में यह भुल जड़ते है कि आसपास कोनसी गाड़ियां खड़ी हैं और जैसे ही ड्राइवर सीट से आप अंदर बैठते हो कोई पीछे से पकड़ सकता है।

अगर आप किसी दुकान, मॉल, होटल या कहीं से भी वापस आ रहे हो और अगर आपको कार का टायर पंचर हो तो फौरन दूर हो जाईये क्योंकि यह आपको पकड़ने की चाल हो सकती है। ऐसे में आप दूसरे किसी की मदद लीजिये और अगर कोई सामने से आपकी मदद के लिए आये तो मना कर दीजिये।

2

अगर आप किसी होटल में ठहरने जाये और रिसेप्शन डेस्क पर बैठा या बैठी रिसेप्शनिस्ट अगर आपका रूम नम्बंर ज़ोर से पढ़े तो उसको फिर से कोई दूसरा नम्बर देने बोले लेकिन इस बार धीरे से। आपका रूम नम्बर आपको ही पता होना चाहिए या फिर ऐसा कोई जो आपको जनता हो। अगर आपको लगता है कि कोई अनजान व्यक्ति आपका रूम नम्बर जान गया है तो फौरन नम्बर बदल लें।

#3

होटल के कमरे में जाते ही सबसे पहले दरवाजा बन्द करे क्योंकि यह छोटी सी गलती बहुत बड़ी समस्या भी बन सकती है।

#4

जब कभी भी आप कहीं पर घूमने जाये तो हाथ में नक्शा (**map**) लेकर न चले क्योंकि ऐसे में आप एक टूरिस्ट नज़र आयँगे जो आसानी से शिकार बन सकता है। मैप अगर देखना हो तो अपने मोबाइल में देखे।

Image Courtesy : Google

#5

हम होटल में काफी बार रूम सर्विस में फोन करते है कोई भी सुविधा के लिए पर इस बात हमेशा ध्यान रखें कि जब भी रूम सर्विस का व्यक्ति आये तो तुरंत से दरवाजा न खोले बल्कि पहले उससे उसका नाम और क्यों आया है वो जान ले।

#6

अगर कोई अनजान व्यक्ति आपका अचानक से हाथ पकड़ लेता है तो आप ज़ोर ज़ोर से चिल्लाये ताकि आसपास के लोग आपकी मदद करने आ सकें।

#7

पार्टी करना किसको अच्छा नहीं लगता है पर अकसर ऐसी पार्टियों में कई सरे हादसे भी हो जाते हैं। जब भी आप किसी पार्टी में ड्रिंक करें तो खुद अपने सामने ड्रिंक बनवाये और हमेशा अपने साथ ही रखे किसी हमेशा अपने साथ रखने से कोई भी आपकी ड्रिंक में कुछ मिला नहीं पायेगा।

#8

काफी लोग अपने घर के मुख्य दरवाजे पर अपना नाम लिखवाते हैं पर कई बार ऐसा करना बहुत भारी भी पड़ सकता है। इसलिए हो सके तो आप नाम की प्लेट न ही लगाएं तो बेहतर है। अगर कोई मेहमान आने वाला हो तो आप पहले हो उसको घर का नम्बर बता दे या फोन पर या मैसेज से पता बता दे।

#9

अगर कोई आपका पीछा कर रहा हो चाहे पैदल हो या गाड़ी में तो हमेशा दाएं बाएं भागे। ऐसी में वो रास्ता भटक सकता है।

#10

अगर आप नए घर में या कोई होटल में पहली बार आये हो तो कमरे में लगे सारे स्मोक डिटेक्टर **(smoke detector)** को अच्छे से जाँच ले क्योंकि हो सकता है इनमे छोटा कैमरा लगा हो।

एक महिला पुलिस कर्मचारी की तरफ से कुछ सुझाव।

ऐसा कई बार होता है कि कोई व्यक्ति बन्दूक के दम पर किसी को जबरदस्ती अपनी गाड़ी में बैठा ले जाता है। ज़्यादतर हमलावर गोली नहीं चलाते बल्कि सिर्फ आपको डराकर अपनी गाड़ी में बैठाना चाहते है और कोई सुनसान जगह ले जाकर दुष्कर्म करना चाहते हैं।

अपनी कार के दरवाजा बंद न करना : ऐसे बहुत से मामले होते है जहां हमलावर बड़ी आसानी से आपकी गाड़ी की तरफ आता है जब गाड़ी ट्रैफिक में रुकी हुई होती है और सीधा अंदर आकर आपको चाकू या बन्दूक से डराकर खुद ड्राइवर सीट पे बैठ जाता है। ऐसे में हमेशा गाड़ी के दरवाज़े बंद रखे।

अगर आपके घर के मुख्य दरवाजे पे अगर बहुत छोटा सा छेद ना हो जिससे हम बाहर की झलक देख सकते है।
जिसको अंग्रेजी में **peephole** कहते है तो जरूर लगवा लीजिये।

कार पार्किंग की जगह : अगर आप खास तौर पर रात में किसी दुकान से या मॉल से वापस आ रहें है तो आप अपनी गाड़ी तक साथ चलने के लिए किसी की मदद भी कर सकते है। ऐसे बहुत सारे मामले होते है जहाँ कार पार्किंग की जगह से महिलाओं को अगवा कर लिया जाता है और कभी कभी तो पार्किंग की जगह पर बलात्कार भी हो जाते हैं। पार्किंग की जगहो पर ऐसी काफी सारी जगह होती हैं जहाँ हमलावर आराम से छुप सकता है।

इसलिए जब भी कर में बैठे तो कार के आगे पीछे दाएं बाएं अच्छे से देख ले। हो सकता है कार को इस तरह से देखना थोड़ा मजाकिया लगे दुसरो को पर ऐसे में हमलावर भी यह समझ जायेगा कि आप भी अवगत और शातिर हैं।

जाने कुछ और जरुरी बातें

जब आप अकेले चल रहे हो ।

कुछ बातें हमेशा ध्यान में रखना चाहिए खास तौर पर जब सड़क पर आप अकेले चल रहे हो ।

हेड फोन या एअर फोन ना पहने : ऐसे बहुत से लोग हैं जो सड़क पर चलते हुए भी एअर फोन में गाने सुनते है या बात करते चलते हैं। अपने कानो को हमेशा खुला रखना चाहिए खास तौर पर जब हम अकेले हो। अपने ही धुन में रहने से हम आसपास की गतिविधि पर ध्यान नहीं दे पाते जिसके चलते कई हादसे हो सकते हैं।

सिटी का इस्तेमाल करना : हम सब ने बचपन में प्लास्टिक की सिटी तो काफी बार बजायी होगी। पर क्या आपको मालुम है ये सिटी आपकी जान तक बचा सकती है। काफी सारी महिलाएं अपने साथ सिटी तो रखती है पर या तो उसको अपने पर्स में या फिर छल्ले (ामलबींपद) में रखती हैं। सिटी को हमेशा हाथ में या फिर कलाई पर बांध ले जिससे समय आने पे आप जल्द से इस्तेमाल कर सके।

दौड़ने वाले जूते : ऐसी शायद ही कोई महिला होंगी जिन्होने ऊँची हील की सैंडल ना पहनी हो । पर समस्या पड़ने पर इसमें भाग नहीं सकते। इसलिए हमेशा अपने साथ एक अलग से दौड़ने वाले जूते साथ में रखे या फिर कोशिश करे ऐसे सैंडल पहने जिससे अच्छे से भाग सके।

रात में ATM जाना : पूरी दुनिया में ऐसे लाखो किस्से होते हैं जहां **ATM** में चोरी हो जाती है या **ATM** से पैसे निकालने वाले व्यक्ति को लूट लिया जाता है। महिलाओं को यह निवेदन है कि रात में खास तौर पर अकेले **ATM** ना जाये। ऐसा करने से आप आसानी से शिकार बन सकते हैं। आप अलग से कैश **(cash)** ज़्यादा रख ले वो ज़्यादा अच्छा है।

विचलित(Distract) होना : आज के समय यह बहुत आम बात हो गयी है कि कोई सड़क चलते मोबाइल में देखते चल रहा हो। मोबाइल को इस्तेमाल करना तब तक बुरा नहीं है जब तक आपके खतरे का कारण ना बन जाये। कुछ समय के लिए मोबाइल या म्यूजिक प्लेयर बंद कर लेना ज्यादा अच्छा होता है जब आप सड़क पर चल रहे हो।

आत्मविश्वास से चलना : आपको शायद पता नहीं होगा लेकिन हमारी चाल हमारे बारे में बहुत कुछ बोलती है। जिस तरह एक थका हुआ व्यक्ति या दुखी व्यक्ति या फिर कम आत्मविश्वास वाला व्यक्ति या बीमार व्यक्ति धीरे और आराम से चलता है उसी तरह एक जोश से भरा हुआ व्यक्ति या गुस्से में लाल व्यक्ति या फिर पुरे आत्मविश्वास से भरा हुआ व्यक्ति तेज तेज चलता है। इसलिए जब भी आप अकेले सड़क पे जा रहे हो तो हमेशा तेज चलना चाहिए और नजरें हमेशा सामने आते हुए लोगो पर होना चाहिए।

जब आप पार्किंग की जगह पर हो ।

कार पार्किंग की जगह हमलावरो के लिए एक अच्छी जगह होती है जहाँ वो आते हुए लोगो को आराम से अपना शिकार बना सकते हैं। जब भी आप पार्किंग की जगह में अपनी कार की तरफ आ रहे हो तो कान और आँखें खुली रखे। अगर गाने सुन रहे हो तो कुछ समय के लिए बन्द कर दें और गाड़ी में बैठकर उस जगह से निकल जाये। जैसे ही गाड़ी में बैठे तुरन्त वहां से नौ दो ग्यारा हो जाएँ। ध्यान रहे गाड़ी में बैठने से पहले उसके आस पास देख ले।

अगर आप सोच रहे हो कि क्यों पार्किंग की जगहों पर किस्से अकसर ज़्यादा होते हैं। दरअसल पार्किंग की जगह ऐसी जगह होती है जहाँ लोगो का आना जाना कम होता है और बहुत सारी गाड़ियाँ खड़ी रहती है। हमलावर ऐसे में आराम से छिप सकता है।

अगर आपकी गाड़ी खराब हो जाये : यह एक किसी के लिए भी एक बुरे सपना जैसा हो सकता है कि आप अपनी गाड़ी से कहीं जा रहे हो और बीच रास्ते में गाड़ी खराब हो जाये। अकसर ऐसा देखा गया है कि काफी महिलाएं ऐसी घटना होने पर किसी भी अनजान गाड़ी से लिफ्ट लेने का फैसला कर लेती है। कई बार ऐसे फैसले गलत साबित हो जाते है।

अगर आपकी गाड़ी बीच रास्ते में खराब हो जाये तो सबसे पहले घर वालों को फोन करके बुला ले और जब तक वो आये तब आप आस पास किसी रेस्टोरेंट में या दुकान पर रुक सकते है या फिर अगर आप कहीं हाईवे पर हो जहाँ दूर दूर तक कुछ ना हो तो ऐसे में खिन आस पास के झाड़ में छिप जाये। क्योंकि गाड़ी में ही बैठा रहना या फिर उसी जगह पर खड़े रहना और इंतजार करना खतरे से खाली नहीं।

हमेशा अपने साथ कुछ हथियार रखें : आप सोच रहे होंगे कि ऐसे कौन से हथियार होंगे जो मैं आराम से अपने पास रख सकती हूँ। लेकिन मैं आपको बता दूँ कि कई ऐसी वस्तुएँ हैं जो आप अपने पास हर वक्त रख सकती हैं और उनको हथियार के रूप में इस्तेमाल भी कर सकती हैं।

काली मिर्च का पाउडर, छल्ला **(Keychain)**, प्लास्टिक सिटी , छाता ।

अगर कोई आपका पीछा कर रहा हो ।

किसी भी महिला के लिए यह सबसे डरा देने वाली बात होगी जब उन्हें मालूम चलेगा कि कोई उनका पीछा कर रहा है। अगर आप पैदल या गाड़ी में घर जा रहे हो और कोई पीछा कर रहा हो तो घर ना जाकर ऐसी तरफ मुड़ जाये जहाँ बहुत भीड़ हो और वहाँ जाकर लोगो से मदद मांगे पर ऐसा सिर्फ तभी ठीक है जब आपका घर दुर हो। अगर घर आने ही वाला है और तब कोई पीछा कर रहा हो तो फौरन गाड़ी से उतरकर घर में आकर दरवाजा बन्द कर दें और सारी बत्तियां बंद कर दें।

अगर किसी ने आपको पकड़ रखा हो तो जोर से उसके हाथ पर काटिए, उसके कानो पर जोर से मारिये, गले की हड्डी पर मारिए, नाक पर भी जोर से मारने पर वो बेहोश हो सकता है। अकसर ऐसा होता है कि ऐसे जोर जबरदस्ती में काफी महिलाएं डर जाती है और हार मान जाती है पर कुछ ना करने से अच्छा कुछ कर लेना है।

अगर कोई आपसे आपका पर्स या कोई महंगी वस्तु मांगे तो उसके पास जाकर या उस अपने पास ना बुलाएँ बल्कि वो वस्तु थोड़ा दूर फेक कर उसे दे ऐसे में आपको भागने का मौका मिल जायेगा।

अगर कोई आपको गाड़ी की डिक्की में बन्द कर दे तो गाड़ी की टेल लाइट **(tail light)** पर मारिए और उसे तोड़कर वहाँ से अपना हाथ बाहर निकालकर मदद मांगे ।

पूछे गए सवाल ।

FAQs

नीचे दिए गए सभी सवाल और उनके जवाबो के बारे में हम सब ने कभी न कभी सोचा होगा पर उनमे से कई सवालो के जवाब शायद नहीं मालूम होगा। आइये जानते है सवाल और उनके जवाब।

1. भारत में हर साल कितने महिलाओं के साथ छेड़ छाड़ या बलात्कार के मामले सामने आते हैं?

भारत में रेप केस और महिला के साथ छेड़छाड़ के मामले बहुत ज़्यादा है। टाइम्स ऑफ इंडिया के अनुसार करीब ३०० बलात्कार के मामले और ५०० छेड़छाड़ के मामले सिर्फ दो ही महीनों (जनवरी २०१५ से फरवरी २०१५ में दर्ज हुए । नेशनल क्राइम ब्यूरो के अनुसार प्रति एक लाख लोगो में सिर्फ दो ही केस दर्ज हुए होते है । टाइम्स ऑफ इंडिया के पास नेशनल क्राइम ब्यूरो का हिसाब यह बात की पुष्टि करता है कि हर दिन करीब ९३ महिलाओं का बलात्कार होता है।

भारत में बलात्कार जैसा जुर्म चौथे स्थान पर है। २०१३ के साल में आयी नेशनल क्राइम ब्यूरो के रिपोर्ट के अनुसार साल २०१२ में पुरे भारत में २४९३० बलात्कार के केस दर्ज हुए जबकि उनमें से ९८ प्रतिशत बलात्कार ऐसे व्यक्ति ने किया जिसको महिला जानती थी । २०१२ सांख्यिकीय(Statistics) के अनुसार, दिल्ली में सबसे ज़्यादा बलात्कार के मामले हुए।

2. किस तरह के आदमी बलात्कार या छेड़छाड़ के मामले में ज़्यादातर होते हैं ।

करीब ९० प्रतिशत मामलो में योजना पहले से ही बना ली जाती है और अपराधी कोई ऐसा व्यक्ति होता है जिसको कहीं न कहीं महिला जानती है। वो एक रिश्तेदार होता है, या अध्यापक, या पड़ोसी, या मकान मालिक या कोई दोस्त या रिश्तेदार।

3. आदमी क्यों बलात्कार करते हैं ?

यह एक आम सवाल है पर बहुत जरूरी भी है कि इसका सही जवाब लोगो को पता चले। इसके कई कारण होते है की क्यों आखिर पुरुष बलात्कर करते है।

अस्वीकार को झेलना : ऐसे कई मामले हुए हैं भारत में जब किसी लड़की ने शादी के लिए या फिर किसी अन्य कारणों से लड़के को किसी चीज़ के लिए मना कर देती है तो लड़का गुस्से में आकर या तो खुदखुशी कर लेता है या फिर लड़की को नुकसान पंहुचाता है। ऐसे लड़कों को अस्वीकार पसंद नहीं आता इसलिए गलत काम कर देते हैं। इसमें गलती सिर्फ लड़कों की ही होती है क्योंकि सबको अपना हक है हाँ या फिर ना कहने का। ऐसे ज्यादातर वो ही लड़के करते है जो बहुत जिद्दी हो , जिनमे बर्दाश्त करने की ताकत नहीं होती। जिनको बचपन से सारी चीजे हाथ में मिल गयी हो और मेहनत न करनी पड़ी हो।

खुद को महिलाओं से ऊपर समझना : दुनिया भर में ऐसे अनगिनत आदमी मिल जायेंगे जो खुद को महिलाओं से ऊपर समझते है। उनको लगता है कि हम आदमी है तो हम ज़्यादा ता. कतवर है, ज़्यादा खुली छूट सिर्फ हमको है ,जो दिल में आये वो कर सकते हैं पर ऐसा गलत है। जब भी ऐसे लोग महिलओं

को आगे बढ़ते और तरक्की करते देखते हैं तो उनसे देखा नहीं जाता। वे कुछ न कुछ भद्दे तरिके अपनाते रहते हैं महिलाओं को उनकी तरक्की से रोकने के लिए।

मीडिया की अहम भूमिका : आजकल ऐसे कई फालतू के सीरियल आते हैं या फिल्में आती है जिसमे महिलाओं को कमजोर और लाचार दिखाया जाता है जबकि आदमी को ताकतवर और हीरो बताया जाता है। ऐसे चीजे बार बार देखने से लोगो के अंदर ऐसे भावना बन ही जाती है कि महिला कमजोर होती है और आदमी बलवान।

खुद को सही आदमी साबित करना : दुनिया भर में ऐसे बहुत सारे अजीब आदमी होते है जो खुद को मर्द साबित करने में लड़कियों को डराते हैं, मारते है, उनके साथ बलात्कार करते है। उनको यह लगता है की जब तक हम लड़कियो को छेड़ेंगे नहीं या उनका फायदा नहीं उठाएंगे तब तक हम पूरी तरह से आदमी नहीं होंगे। ऐसी मानसिकता वाले आदमी से जितना हो सके दूर ही रहें।

बदला लेना : लगभग सबके साथ ऐसा कई बार होता है जब कभी न कभी हमें किसी से बदला लेने का मन किया हो। ऐसे कई पुरुष होते हैं जो महिलाओं के कुछ बोल देने पर या महिलायों से मार खा लेने पर उनसे बदला लेने का सोच लेते है। सिर्फ यहीं नहीं कुछ तो ऐसे भी होते हैं जो महिलाओं को आगे बढ़ते उनको प्रगति करते देख ही नहीं सकते उन्हें लगता है कि वे पुरुषों से आगे निकल जाएँगी और वो बदला लेने का मन बना लेते हैं।

कम दोस्त या कम पैसे होना : ऐसे बहुत सारे लोग होते हैं दुनिया भर में जिनके पास अच्छे खासे पैसे नहीं होते या अच्छे दोस्त नहीं होते या तो फिर दोनों ही नहीं होते। ऐसे लोग अकसर दूसरों की बातों में जल्दी आ जाते हैं। वे जब देखते हैं कि दूसरों के पास कितने दोस्त हैं कितने पैसे हैं पर मेरे पास क्यों नहीं। ऐसे लोग दबाव में आकर गलत काम करने लग जाते हैं।

4. ज़्यादातर लड़कियों को ही क्यो जिम्मेदार ठहराया जाता है बलात्कार या छेड़छाड़ के मामलो में?

हम आज ऐसी दुनिया में रह रहें हैं जहाँ गलत काम करने वालो के साथ साथ जिसके साथ गलत हुआ है उनको भी दोषी ठहराया जाता है। भारत में ऐसा बहुत बार देखा गया है कि बलात्कार के मामले में लड़की की गलती बताई गयी है। उन्हें ऐसा समझा जाता है कि इन्ही के वजह से अपराध हुआ है। साथ ही साथ ऐसे कई लोग होते है उनकी किस्मत को दोष देते है बजाए इसके की यह ढूंढे की सही अपराधी कौन है। हम उस तरफ ज़्यादा ध्यान देते है कि लड़कियों को बलात्कार से कैसे बचाया जाया पर इस पर ध्यान नहीं देते कि लड़को को भी लड़कियों की इज़्जत करना कैसे सिखाई जाये।

अगर ऐसा कोई सोचता है कि छेड़ छाड़ या बलात्कार के मामले में लड़की दोषी है तो वो बिलकुल गलत है। आप कैसे एक लड़की को दोषी ठरह सकता है जबकि सभी अपराध सामने वाले ने किये हो तो। मामला सिर्फ ऐसे बड़े अपराधों का ही नहीं बल्कि छोटी सी बात भी होती है तो हम लड़कियों को दोष देना शुरू कर देते है। जब तक हम लड़को को लड़कियों से बात करने के तौर तरिके नहीं सीखा देते तब तक हम युहीं मूर्खो कि तरह लड़कियों को दोषो ठहराते रहेंगे।

बलात्कार एक सचेत अपराध है यानि कि अपराध करने वाले को मालूम होता है कि वो क्या कर रहा है। बलात्कार कोई ऐसा अपराध नहीं कि गलती से हो जाये।

२००९ कर्नाटक में जब एक हिन्दूविंग ग्रुप ने एक पब में महिलाओं पर हमला किया था तब वहाँ के पूर्व मुख्य मंत्री ने बयान दिया था की हमें ये संस्कृति बन्द करने होगी जहाँ मॉल में लड़का लड़की एक दूसरे का हाथ पकड़े घूमते नजर आये।

सिर्फ आम महिलाएं ही नहीं बल्कि ताकतवर महिलाएं भी सुरक्षित नहीं। २००८ में जब एक महिला पत्रिका अपने दफ्तर से वापस घर जा रही थी तो किसी ने उसकी गोली मारकर हत्या कर दी थी। इस हादसे में भी कुछ लोग ऐसे भी थे जो महिला को दोषी ठह रहा रहे थे।

बलात्कार का ना तो सुंदरता से कुछ लेना देना है और ना ही समय से। यह सिर्फ पुरुष के ताकत और उसके नियंत्रण पर निर्भर करता है। उसी प्रकार से लड़कियों को छोटे कपड़े पहनने देना या अकेले जाने देना भी कोई कारण नहीं बनता बलात्कार का। बल्कि पुरुषों को सिखाना बहुत जरूरी है कि वो महिलाओं के प्रति अपना नजरिया ठीक और साफ रखें।

5. क्या छोटे कपड़े पहनने से लड़कियाँ लड़को को उकसाती हैं?

ऐसे हमने हजारो बार सुना होगा कि छोटे कपड़े पहनंने के कारण बलात्कार होते है। बंगाल के एक जाने माने एक्टर और कांग्रेस के नेता ने भी एक ऐसा ही बयान दिया था जिसमे उन्होंने कहा था की छोटे कपड़े पहनना सनसे बड़ा कारण है बलात्कार का। पर क्या यह सच है?

क्या वाकई कपड़ो से बलात्कार का कुछ लेना देना है?

आईये थोड़ी तथ्य वाली बातें कर लेते हैं। महिलाओं के छोटे कपड़े पहने से बलात्कार का कुछ लेना देना नहीं होता। अगर सीधे शब्दो में कहें तो इसमें महिला की नहीं बल्कि सिर्फ पुरुष की गलती होती है। क्योंकि बलात्कार खुद नहीं होता बल्कि कोई उसको अंजाम देता है। अगर आप भी ऐसा सोच रहे हैं कि छोटे कपड़े पहनना बंद कर देने से अपराध कम हो जायेगा तो ऐसा बिलकुल नहीं है। इसका सिर्फ एक ही उपाय है और वो है लड़को को लड़कियों की इज्जत करना सिखाना।

6. क्या यह सही है कि ज़्यादतर बलात्कार या छेड़छाड़ शाम को या रात को होते है?

बलात्कार का समय या जगह से कुछ भी लेना देना नहीं होता है। यह पुरुष की सोच और मानसिकता के ऊपर निर्भर करती है जो कभी भी बदल सकती है । ऐसा कहना भी सही नहीं है कि ऐसे मामले अंधरे में होते है यानि कि शाम या रात को द्य भारत में ऐसे कई मामले सामने आ चुके है जिसमे अपराध दिन में हुए है।

7. क्या बलात्कार में उम्र का कुछ लेना देना होता है?

बिलकुल नहीं होती ना ही अपराधी की उम्र का और ना ही शिकार कि उम्र। अगर हम बात करें अपराधियों की तो ऐसे कई मामले हैं जहाँ १३ – १४ दिन की उम्र के लड़को ने अपराध किया होता है वहीं अगर बात करे शिकार की तो ऐसा एक मामला है भारत में जहाँ १४ दिन की बच्ची से बलात्कार हुआ और एक ऐसा भी मामला है जहाँ ९४ साल की उम्र की बूढी औरत से बलात्कार किया गया। इससे यह बात साफ है कि उम्र का कुछ भी लेना देना नहीं होता बलात्कार में। यह गंदा काम किसी के साथ भी हो सकता है।

8. क्या समय या कोई जगह निर्भर करती है बलात्कार के मामलो में?

नहीं ! समय या फिर जगह कैसे बलात्कार का कारण बन सकते है? पर ऐसे कई लोग होते है जो समय या जगह को भी दोष देते है। पर ऐसा नहीं होता बलात्कार से ना तो समय का कुछ लेना देना होता है और ना ही जगह का।

उदहारण के तौर पर सोचिये एक लड़की रात में करीब ११ बजे दफ्तर से वापस घर जा रही है और बीच रास्ते में कुछ मनचले लड़के मिल जाए। अब कितने प्रतिशत आप कह सकते है कि लड़की के साथ कुछ बुरा होगा। १०० प्रतिशत गारंटी है कि

लड़की के साथ कुछ गलत हो सकता है। चलिए अब आप सोचिये कि वो ही लड़की उतने ही बजे फिर उसी रास्ते से वापस घर जा रही है पर अब रास्ते में एक भी लड़का नहीं है। अब कितने प्रतिशत गारंटी है कि उसके साथ कुछ बुरा होगा। जाहिर सी बात है शून्य प्रतिशत क्योंकि जिन कारणों के कारण बलात्कार हो सकता है वो कारण ही गयाब है।

इससे यह ही समझ आता है कि बलात्कार या छेड़ छाड़ में समय या जगह का कुछ लेना देना नहीं होता।

9. सबसे ज़्यादा बलात्कार के मामले किस देश में है?

दक्षिण अफ्रीका।

10. किस उम्र में लड़को के मन में बलात्कार या छेड़छाड़ करने जैसी भावनाएं पैदा होती है?

किसी के साथ कोई दुष्कर्म करना या महिलाओं से छेड़छाड़ करना कोई स्कुल की क्लास या कोई डिग्री नहीं है जो इसके लिए एक विशिष्ट उम्र चाहिए । यह काम कोई भी कर सकता है किसी भी उम्र में कर सकता है । कई ऐसे मामले हैं जिसमे १५ साल की उम्र के लड़को ने अपराध किया और ऐसे भी मामले हैं जिसमे ६० साल की उम्र के ऊपर के लोगो ने भी अपराध किया ।

11. भारत में हर साल कितने बलात्कार और छेड़छाड़ की रिपोर्ट दर्ज होती है?

२०१५ की रिपोर्ट के अनुसार करीब ३२,०७७ बलात्कार के मामले सामने है और उनमें से १,७०६ मामले गैंगरेप के थे।

२०१३ में दिल्ली में सबसे ज्यादा बलात्कार के मामले दर्ज हुए करीब १,६३६। इसके बाद नम्बर आता है मुम्बई का जिसमे गिनती है ३९१, जयपुर में १९२ और पुणे में १७१।

नेशनल क्राइम ब्यूरो की रिपोर्ट के अनुसार साल २०१३ में ३३,७०७ मामले दर्ज हुए थे जबकि साल २०१२ में २४,९२३ मामले दर्ज हुए।

१५,५५६ मामलो में लड़कियों की उम्र १८ – ३० के बीच थी ।

12. शिक्षा किस तरह से महत्वपूर्ण भूमिका निभाती है?

शिक्षा बहुत ही महत्वपूर्ण भूमिका निभाती हैं हर एक के जीवन में। अगर आधार **(base)** है तो ही इमारत**(building)** खड़ी हो सकती है। आप सोचो कोई इमारत बिना किसी पिलर के कड़ी हो जो की नामुमकिन है। जितना ज़्यादा उसके पिल्लर मजबूत होंगे उतने लम्बे समय तक इमारत खड़ी रहेगी। जब बात शिक्षा की करते हैं तो इसमें सिर्फ पढ़ाई लिखाई ही नहीं बल्कि और

भी अन्य जरूरी बातें आती है। अच्छी शिक्षा का मतलब है सिर्फ यहीं नहीं होता कि अच्छे अंक ले आना या ऊँची डिग्री ले लेना बल्कि यह भी होता है आप दुसरो से कैसे बात करते हो। आपका व्यवहार दुसरो के साथ कैसा है। आप महिलाओं के साथ कैसे व्यवहार करते हैं। आप दुसरो की परंपरा, धर्म को कैसे देखते हो।

एक अच्छी शिक्षा मिलने के कारण बच्चा मूल ज्ञान तो सीखेगा ही साथ ही साथ व्यवहारिक ज्ञान भी अच्छे से सीखेगा। उसको लोगो से बात करने का तरीका मालूम चलेगा। इसलिए एक अच्छी शिक्षा बच्चो के लिए उतनी ही जरुरी है जितनी एक पेड़ के लिए अच्छा पानी।

13. क्या कोई परम्परा या कपड़े पहनने का ढंग बलात्कार या छेड़छाड़ को बढ़ावा देता है?

बिलकुल नहीं, ऐसे कई परम्पराएं जहाँ महिलाएं छोटे कपड़े पहनती हैं और ऐसे भी संस्कृती है जहाँ महिलाएं सर से पाव तक कपड़े पहनती है। हर इंसान को दुसरो की संस्कृति का सम्मान करना चाहिए। संस्कृति और सभ्यता बहुत अहम भूमिका निभाती है हमारे जीवन को सुधारने में। कोई भी परम्परा या फिर किसी भी तरह के वेश भूषा बलात्कार के लिए नहीं उकसाती। देखा जाए तो आज भी ऐसे कई वनवासी है जो जंगलो में बिना कपड़ो के रहते है तो फिर उस हिसाब से उनका हर दिन बलात्कार होना चाहिए क्योंकि उन्होने तो कपड़े ही नहीं पहने इसलिए कपड़ो से कभी भी फर्क नहीं पड़ता।

14. क्यों ज़्यादातर महिलाएं पुलिस में रिपोर्ट दर्ज नहीं करवाती?

डर और धमकी के वजह से काफी महिलाएं पुलिस स्टेशन नहीं जाती। उनको लगता है कि अगर वे पुलिस स्टेशन के चक्कर काटेंगी तो उनका समाज में उनका नाम खराब हो सकता है। काफी महिलायों को तो धमकी भरे फोन आते है फिर भी वो चुप्पी साध लेतीं हैं। १० में से ७ महिलाएं रिपोर्ट नहीं दर्ज करवाती। पुलिस में रिपोर्ट करवाने से ना ही केवल आपको मदद मिलती है बल्कि पुरे देश में भी सालाना रिपोर्ट बनाने में मदद मिलती है। आप सोचो जो रिपोर्ट दर्ज ही नहीं होगी वो देश में सालाना बनने वाली रिपोर्ट में कैसे आएगी। रिपोर्ट दर्ज करवाना बहुत जरूरी है यह पता करन के लिए कि देश भर में कितने और कहाँ जुर्म हो रहे हैं। इसिलए रिपोर्ट जरूर दर्ज करवाना चाहिए।

15. बलात्कार के लिए कौन जिम्मेदार है लड़का या लड़की ?

यह सवाल पुरे दुनिया में आम सवाल है और इसका जवाब भी सामान्य है। जब लोगो से पूछते हैं तो ज़्यादातर लोग लड़कियों को दोषी ठहराते है जो की बिलकुल गलत है। कोई कैसे किसी लड़की को उसके कपड़ो को बलात्कार का मुख्य कारण बता सकता है। फर्क इससे नहीं पड़ता की लड़कियां क्या पहनती है , किससे बात करती है , कितने बजे घर लौटती है बल्कि फर्क इससे पड़ता है की क्या लड़को का लड़कियों के तरफ नजरिया ठीक है की नहीं।

अब जरा इस बात पर ध्यान दीजिये , एक सुंदर अकेली लड़की छोटे कपड़ो में देर रात को एक रास्ते से गुजर रही है जहाँ ि लड़के खड़े है । आपके अनुसार कितनी संभावना है की उस लड़की के साथ छेड़छाड़ या बलात्कर होगा ? हो सकता है आपका जवाब हो कि बलात्कार हो सकता है ।

अब इस बात पर ध्यान दीजिये , वही लड़की वही जगह वैसे ही कपड़े और वो ही रास्ता पर एक भी आदमी नहीं । अब बताईये कितनी सँभावनायें है छेड़छाड़ या बलात्कार की ? जी हाँ जवाब है शून्य क्योंकि कोई भी आदमी है ही नहीं तो कौन परेशान करेगा। इसलिए अगर आप लड़कियों को जिम्मेदार ठहराते है तो गलत है।

16. क्या फिल्म या गाने देखने से बलात्कार को बढ़ावा मिलता है ?

नहीं, हमारा शरीर कुछ इस प्रकार से बना है कि हम फिल्म या जानो क बिना बिना भी गलत काम कर सकते है। उदहारण के तौर पर जब अंग्रेज हमारे देश में राज करते थे तो उस समय उन्होंने बहुत ज्यादा हिंसा की। लाखों औरतों बच्चियों के साथ बर्बरता के साथ व्यवहार किया। यह सब उनके दिमाग में कहाँ से आया उस समय तो फिल्म टीवी गाने कुछ नहीं थे।

इसलिए जो इंसान अपने दिमाग पर अच्छे से काबू कर पाता है और खुद को गलत काम से अलग रख पाता है वो ऐसे अपराध से सदा मुक्त रहता है। तो कोई भी अपराध के लिए फिल्मो या गांव को दोष देना सही नहीं है।

17. महिलाओं को कैसे सुरक्षित रखा जा सकता है?

सबसे पहली बात यह कि लड़कियों को खुद यह समझना होगा कि वे कमजोर नहीं होती बल्कि उन्हें कमजोर बनाकर रखा जाता है। सबसे बड़ा उदाहरण अगर देखना है तो यह देख लीजिये की लड़कियाँ ही लड़को को जन्म देती है। अगर लड़के पेड़ होते हैं तो लड़कियां उनकी जड़ होती हो जो जीवन भर बाँधकर रखती है। तो वो कमजोर कैसे हो सकती है।

शिक्षा भी एक अहम भूमिका निभाता है जब बात आती है महिला सुरक्षा की। अगर हर स्कूलों में लड़कियों को आत्म रक्षा का प्रशिक्षण देना शुरू कर दिया तो काफी हद तक बलात्कार और छेड़छाड़ के मामले कम हो जायँगे।

स्कुल और कॉलेज में भी समय समय पर बच्चों से महिला सुरक्षा के ऊपर निबंध लिखवाना चाहिए। इससे पता चलेगा कि बच्चो की सोच कैसी है। शिक्षा से सिर्फ लड़कियां ही नहीं बल्कि लड़के भी लड़कियों की इज़्जत करना सीखेंगे। जितनी ज़्यादा लड़कियाँ विकास करेंगी उतनी जल्दी देश तरक्की करेगा और जितने ज़्यादा लड़के विकास करेंगे उतनी ज़्यादा लड़कियां सुरक्षित रहेंगी।

18. पीड़ित (victim) को NGO से कैसे मदद मिल सकती है?

यह कुछ वेबसाइट है जो पीड़ित महिलाओं की मदद करती है।

- http://www-womenwelfare-org
- http://www-stoprapenow-org
- http://www-smilefoundationindia-org
- http://www-snehamumbai-org

19. ऐसा कौन कौन से हथियार हैं जो महिलाएं हर वक्त अपने साथ रख सकते हैं?

ऐसे कई वस्तुएं हैं जो सभी लड़कियां इस्तेमाल करती है पर यही वस्तुएं जरूरत पड़ने पर हथियार का भी काम करती है।

— कोल्ड स्टील हनीकॉम्ब हेयरब्रश डैगर (एक प्रकार की कंघी होती है जो गोल होती है और उसमे बहुत सारे कांटे होते है जि. ससे बल बनाते है और उसके हैंडल निकाल भी सकते है।

— काली मिर्च का पाउडर।

— परेकॉर्ड मंकी बॉल (एक तरह का ब्रेसलेट होता है जिसमे एक भारी बॉल लगी होती है वो रबर या कपड़े की होती है)।

— करंट वाली बन्दुक।

—छल्ला (keychain)A

— छाता।

— सैंडल की हील।

— लाइटर और डिओडोरेंट को एक साथ इस्तेमाल करने से आग पैदा कर सकते हैं।

20. बलात्कारियों को कौन सी सजा होनी चाहिए?

ऐसे अपराधियों को या तो हमेशा के लिए जेल में डाल देना चाहिए या फिर फांसी दे देना चाहिए। बलात्कार बाकि जुर्म से काफी अलग होता है। आप मर्डर में बोल सकते हो कि गलती से गोली चल गयी। चोरी को भी बोल सकते हो कि जाने अनजाने छोटी हो गयी पर बलात्कार को कभी नहीं बोल सकते कि गलती से हो गया। बलात्कार एक सोची समझी गन्दी हरकत होती है।

21. ऐसे कौन से कानून और आर्टिकल्स हैं जो हर भारतीय महिला को मालूम होना चाहिए?

नीचे दिए गया भारतीय महिलाओं के कुछ महत्वपूर्ण अधिकार हैं जो उनको जरूर पता होना चाहिए।

अनुच्छेद १४— विधि के समक्ष स्त्री पुरूष दोनों समान हैं। दोनों को कानून का समान संरक्षण दिया गया है।

अनुच्छेद १५(३)— जाति, धर्म व लिंग के आधार पर स्त्री—पुरूष सभी को समानता दी गई है। महिलाओं की स्वाभाविक प्रकृति के अनुसरण में उन्हें कुछ विशेषाधिकार प्रदान किए जाने का उल्लेख किया गया है।

अनुच्छेद १६(१)— लैगीय आधार पर लोकसेवाओं में भेदभाव को प्रतिषेधित करता है। महिला पुरूष दोनों को समान अवसर तथा समान वेतन की व्यवस्था की गई है।

अनुच्छेद १९(१)— स्त्री—पुरूषों दोनों को समान रूप से अभिव्यक्ति का अधिकार दिया गया।

अनुच्छेद २१— प्राण एवं दैहिक स्वतंत्रता का अधिकार महिला पुरूष दोनों को देने का उपबंध है।

अनुच्छेद २३ एवं २४ में शोषण के विरूद्ध अधिकार समान रूप से प्राप्त हैं । यह अनुच्छेद मानव दुर्व्यवहार, बलात् श्रम तथा स्त्रियों के क्रय—विक्रय पर अंकुश लगाता है।

अनुच्छेद २५—२८ में पुरूष महिला दोनों को धार्मिक स्वतंत्रता देने का प्रावधान है।

अनुच्छेद ३२— स्त्री—पुरूष दोनों को समान रूप से संवैधानिक उपचारों का अधिकार देता है।

व्यापार (निवारण) अधिनियम १९५६ यथा संशोधित १९८६, स्त्री अशिष्ट निरूपण प्रतिषेध, अधिनियम १९८६, सती निषेध अधिनियम १९८७, बाल विवाह अवरोध अधिनियम १९२९, यथा संशोधित १९७६, प्रसव पूर्व निदान तकनीक अधिनियम १९९४, अन्तर राज्यिक प्रवासी कर्मकार अधिनियम १९७९, समान पारिश्रमिक अधिनियम १९७६, प्रसूति प्रसुविधा अधिनियम १९६१, हिन्दू विधवा पुनर्विवाह अधिनियम १९५६, हिन्दू स्त्रियों का सम्पत्ति पर अधिकार अधिनियम १९३७, भरण पोषण हेतु स्त्रियों का अधिनियम १९४६, हिन्दू उत्तराधिकार अधिनियम १९५६, मुस्लिम विवाह–विच्छेद अधिनियम, १९३९ आदि की व्यवस्था है।
भारतीय अपराध कानून संहिता भी महिलाओं को सुरक्षात्मक उपाय प्रदान करता है। इसके तहत दण्ड प्रक्रिया संहिता १९६०, भारतीय दण्ड प्रक्रिया संहिता १९७३ एवं भारतीय साक्ष्य अधिनियम १८७२ समाहित है। महिला आयोग, महिला थाना एवं महिला अदालतें भी महिला अधिकारों की अभिवृद्धि एवं संरक्षण की दिशा में कार्यरत हैं।

आईये अब जानते हैं भारतीय महिलाओं के लिए कानूनी अधिकार ।

प्रोटेक्शन ऑफ वीमेन फ्रॉम डोमेस्टिक वायलेंस एक्ट(२००५) – यह अधिकार हर भरतीय महिला को घरेलू हिंसा से बचाता है चाहे हिंसा शारीरक हो, यौन संबंधित हो, मानसिक हो या मौखिक रूप से हो।
इम्मोरल ट्रैफिक एक्ट(१९५३) – यह अधिकार महिलाओं को मानव तस्करी से बचाता है । इस अधिकार के अंतर्गत महिलाओं को खरीदना बेचना सख्त जुर्म है।

इंडीसेंट रिप्रजेंटेशन ऑफ वीमेन (१९८६) – इस अधिकार के

अंतर्गत किसी भी महिला या लड़की को अभद्र तरीके से किसी भी तस्वीर में, किसी भी विज्ञापन में, किताब में दिखाना जुर्म है।

कमिशन ऑफ सती(१९८७) – यह अधिकार किसी भी महिला को सती या स्तुति होने से बचाता है।

डौरी प्रोहिबिशन एक्ट (१९६१) – इस कानून के अंतर्गत कोई भी दहेज ना ही दे सकता है और ना ही ले सकता है। ऐसा करने से जेल हो सकती है।

मैटरनिटी बेनिफिट एक्ट (१९६१) – इस अधिकार के अनुसार अगर कोई महिला गर्भवती है और बच्चे के लालन पालन के लिए कुछ काम करना हो जिससे वो पैसा कमा सकती है तो ऐसे में वो अपना हक सरकार से मांग सकती है। सरकार ऐसे में वो महिला को कुछ समय के कोई विशिस्ट काम देगी जिसको महिला कर सके।

मेडिकल टर्मिनेशन ऑफ प्रेगनेंसी एक्ट (१९७१) – इस अधि ाकार के अंतर्गत अगर मोई महिला गर्भपात करवाना चाहती हो तो वो कर सकती है लेकिन किसी रजिस्टर्ड डॉक्टरों से ही।

प्रीकंसेप्शन एंड प्रीनेटल डायग्नोस्टिक तकनीक(१९९४) – यह अधिकार किसी भी गर्भवती महिला को होने वाले उसके बच्चे का लिंग पता करना से मनाई करता है। इससे भ्रूण हत्या को रोक जा सकता है।

ईकुअल रेम्युनरेशन एक्ट (१९७६) – इस अधिकार से महिला को उतनी ही पेमेंट मिलनी चाहिए जितनी पुरुष को मिलती है अगर दोनों का काम बराबर हो तो।

डिस्सोलुशन ऑफ मुस्लिम मैरिज एक्ट (१९३९) – यह कानून की मदद से है भारतीय मुस्लिम शादी शुदा महिला अपनी शादी का विघटन कर सकती है।

मुसिलम वीमेन(प्रोटेक्शन ऑफ राइट्स ऑन डाइवोर्स) एक्ट १९८६ – जिन मुस्लिम महिला का तलाक हो चूका है या करना चाहती हो तो यह कानून उनकी मदद करता है।

फॅमिली कोर्ट्स एक्ट १८६० – इस कानून के अनुसार फॅमिली कोर्ट बनने चाहिए ताकि पारिवारिक मसले वहां हल हो सके।

इंडियन पीनल कोड १८६० – यह कानून सभी भारतीय महिला को किसी भी जुर्म से मदद दिलाता है।

कोड ऑफ क्रिमिनल प्रोड्यूर १९७३ – इस कानून के अनुसार अपराधी महिला को सिर्फ महिला पुलिस ही हिरासत में ले सकती है।

इंडियन क्रिस्चियन मैरिज एक्ट १८७२ – यह कानून भारतीय क्रिश्टियन को उनकी शादी और तलाक से संबंधित सभी समस्या का समाधान दिलाती है।

लीगल सर्विस अथॉरिटीज एक्ट १९८७– यह अधिकार सभी भा. रतीय महिला को लीगल सर्विस मुफ्त में प्रदान करता है।

हिन्दू मैरिज एक्ट १९५५ – इस कानून के अन्तर्गत शादी शुदा पुरुष या महिला तलाक ले सकती है और दोनों को बराबर के हक प्रदान करती है।

हिन्दू सक्सेशन एक्ट १९५३ – इस कानून के अंतर्गत महिला को भी अपने माता पिता की प्रोपर्टी पर उतना ही हक है जितने पुरुष का।

मिनिमम वेजेस एक्ट १९४८ – इस कानून के अनुसार महिला और पुरुष के पैमेंट में बराबरी होना चाहिए अगर दोनों का काम बराबर है तो।

माइंस एक्ट १९५२ एंड फैक्ट्री एक्ट १९४८ – इस कानून के अनुसार किसी भी भारतीय महिला को किसी भी फैक्ट्री या माइन में शाम (७) बजे से लेकर सुबह (६) के बीच में काम करना गैरकानूनी है।

कुछ अन्य जरुरी कानूनी हक भारतीय महिलाओं के ।

मुफ्त सहायता : ऐसा कई बार सुना होगा कि कोई महिला पुलिस स्टेशन गयी पर उसकी रेपर्ट दर्ज नहीं की गयी या टाल दी गयी । सभी भारतीय महिलाओं को यह पूरा हक है कि वो रिपोर्ट दर्ज करवा सकती है वो भी कभी भी बिना किसी के सहायता लिए और पुलिस को वो रिपोर्ट दर्ज करनी ही होगी।

एकांत में रिपोर्ट दर्ज करवाना: किसी पीड़ित महिला जिसके साथ बलात्कार हुआ हो तो उसको पूरा हक है कि वो अपनी रिपोर्ट अकेले में सिर्फ एक मजिस्ट्रेट के सामने दर्ज कराये । वो चाहे तो किसी महिला पुलिस को भी अपनी रिपोर्ट दर्ज करवा सकती है । सेक्शन १६४ क्रिमिनल प्रोसीजर कोड के अनुसार पुलिस पीड़ित महिला को अकेले में रिपोर्ट दर्ज करवाने की अनुमति देंगे।

असामयिक रेजिस्टर करना : पीड़ित महिला कितनी भी देरी से अपने रिपोर्ट दर्ज करवा सकती है। अगर पीड़ित महिला ने पहले रिपोर्ट दर्ज नहीं करवाई और काफी समय बीत गया और अब करवाना चाहती है तो वो दर्ज करवा सकती है।

वर्चुअल कंप्लेंट करवाना : ऐसी कई पीड़ित महिलाएं होती जो रिपोर्ट दर्ज करवाने के लिए पुलिस स्टेशन ना जाना पसन्द करती है। तो ऐसे में पीड़ित महिला मउंपस की सहायता से भी घर बैठे रोपर्ट दर्ज करवा सकती है या फिर पुलिस स्टेशन में चिट्ठी के द्वारा भी रिपोर्ट भेज सकती है। ऐसे में पुलिस पीडित महल के घर आ कर उनका बयान लेंगी।

जीरो FIR : जीरो **FIR** की सहायता से महिला पीड़ित कोई भी पुलिस स्टेशन में अपने रिपोर्ट दर्ज करवा सकती है। ऐसे में अगर पुलिस स्टेशन वाले रिपोर्ट दर्ज करने के लिए मना करे तो महिला जीरो **FIR** के तहत उन पुलिस वालो की कंप्लेन कर सकती है किसी भी पुलिस स्टेशन में।

गिरफ्तार ना होने का हक : सुप्रीम कोर्ट के नियम के अनुसार किसी भी महिला अपराधी को सूरज ढल जाने के बाद या सूरज निकल से पहले गिरफ्तार नही कर सकते। अगर गिरफ्तारी होगी तो दिन में और अगर कोई बहुत ही जरूरी केस हो जिसमे रात में ही गिरफ्तार करना जरूरी पड़े तो गिरफ्तारी के बाद पुलिस वालो को मजिस्ट्रेट में लिखित में देना होगा कि उन्होंने ऐसा क्यों किया।

पुलिस स्टेशन ना जाने का हक : सेक्शन १६० क्रिमिनल प्रोस. ीजर कोड के अनुसार महिलाएं पुलिस स्टेशन में पूछताछ के लिए नहीं बुलाई जा सकती। अगर पुलिस को कुछ पूछताछ करनी हो तो वो महिला के घर जा सकती हैं पर साथ में कोई महिला

पुलिस भी होनी चाहिए।

पीड़ित के नाम को गुप्त रखना : सेक्शन (२२८—।) इंडिन पीनल कोड के अनुसार किसी भी पीड़ित महिला का नाम लोगो को नहीं बताया जा सकता। अखबार या न्यूज में भी अगर नाम देना हो तो ष्पीड़ितष के नाम से ही बताना होगा।

मेडिकल का हक : बलात्कारी पीड़ित महिला को डॉक्टर जाँच करने से मना नहीं कर सकता। पीडित महिला को हक है की वो मेडिकल के सभी कागजों की कॉपी अपने साथ रखे।

जाने कैसे करे आत्मसुरक्षा

सड़क के किनारे चलते वक्त, बस या टैक्सी में सफर करते वक्त या अपने ही घर के आसपास, कभी भी और कहीं भी महिलाओं की सुरक्षा और शुचिता पर कोई भी असमाजिक तत्व हाथ डाल सकता है। दिल्ली गैंगरेप की घटना के बाद आज महिलाओं की सुरक्षा की गंभीरता को समझना और भी जरूरी हो चुका है। ऐसे में प्रशासन, समाज और सरकार के दायित्व के साथ–साथ यह भी जरूरी है कि महिलाएं खुद आगे बढ़कर अपनी सुरक्षा को लेकर मुस्तैद रहें जिसके लिए सेल्फ डिफेंस टेकनीक की सही जानकारी बहुत जरूरी है। तो चलिए, आज हम आपको उन उपायों की जानकारी दे रहे हैं जिन्हें अपनी जीवनशैली में शामिल करके महिलाएं किसी भी मुश्किल घड़ी का सामना करने के लिए खुद को पूरी तरह फिट बना सकती हैं।

योग से लाएं शरीर में फूर्ति

शरीर को फुर्तीला बनाने के लिए योग बहुत प्रभावी माध्यम है। इससे शरीर अधिक मजबूत और लचीला होता है। प्रतिदिन सूर्य नमस्कार, उत्तानपादासन, पर्वतासन, धनुरासन आदि को दिनचर्या में शामिल करने से शरीर लचीला, फुर्तीला और मजबूत रहता है।

ध्यान और प्राणायाम से बढ़ाएं आत्मविश्वास

अगर आपमें भरपूर आत्मविश्वास हैं तो किसी भी परिस्थिति का सामना करने की ताकत आ ही जाती है। ऐसे में मानसिक तौर पर मजबूत होना बेहद जरूरी है। इसके लिए भ्रामरी प्राणायाम, भ्रस्रिका प्राणायाम, ध्यान और श्वास संबंधी क्रियाएं बेहद फायद. ेमंद हैं। इन्हें दिनचर्या में शामिल करने से शरीर स्वस्थ रहता है और दिमाग तेजी से कार्य करता है।

सेल्फ डिफेंस तकनीक

अपनी सुरक्षा के लिए शरीर को मजबूत बनाना और खुद को एलर्ट रखना जितना जरूरी है, उतना ही जरूरी है आत्मरक्षा की

कला में निपुण होना। आजकल न सिर्फ स्कूलों में बल्कि फिटनेस सेंटर व हेल्थ क्लब्स में महिलाओं के लिए तरह—तरह के सेल्फ डिफेंस वर्कआउट्स होते हैं। जूडो, कराटे, टायक्वांडो, जुजित्सू, कुंग फू आदि ऐसी कई कलाएं हैं जिनका उपयोग मुश्किल समय में करके आत्मरक्षा की जा सकती है। खासतौर पर उस स्थिति में जब आप बिल्कुल निहत्थे हों, ये वर्कआउट्स आपके लिए बेहद मददगार साबित होंगे।

समझें सिक्स्थ सेन्स के इशारे

अक्सर मुश्किल घड़ी में हमारा सिक्स्थ सेन्स हमें इशारे करता है कि हम कहां सुरक्षित हैं और कहा नहीं। महिलाओं का यह सिक्स्थ सेन्स और भी सजग होता है। तो अगर अपनी सुरक्षा को लेकर आपके मन में कोई भी संशय हो तो उसे दबाने के बजाय उसपर गौर करें। इसके लिए यह भी जरूरी है कि आप स्ट्रेस और टेंशन से मुक्त रहें और तुरंत निर्णय लेने के लिए हमेशा तैयार रहें। इससे अपने मन की आवाज को समझने में आसानी होगी और आप किसी अप्रत्याशित घटना का शिकार होने से बचेंगी।

जाने किस जगह वार करने से आप खुदको हमलावर से बचा सकते हैं।

नीचे दिए सभी ट्रेनिंग के तरिके इंटरनेट के माध्यम से सिर्फ सिखने और जाने के लिए गए हैं। इसे गलत तरह से इस्तेमाल में ना ले।

हम सभी के शरीर में ऐसे कई अंग होते है जहाँ अगर जोर से मार पड़ जाये तो व्यक्ति बुरी तरह घायल हो सकता है या फिर मर भी सकता है। जैसे की

कान और आखँ के बीच के हिस्से में जोर से मारने से व्यक्ति बे. होश हो सकता है। ध्यान रहे इसे ट्रेनिंग के दौरान जोर से ना करे।

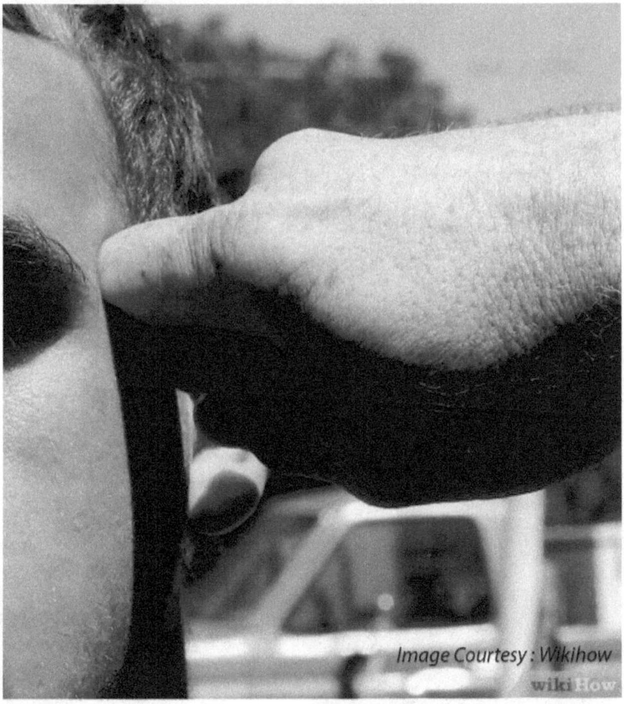

गला और कंधा के बीच के हिस्से पर ऊँगली गड़ाने से भी व्यक्ति चीख उठता हैं और जोर से करने पर हो सकता हैं वो बेहोश हो जाये।

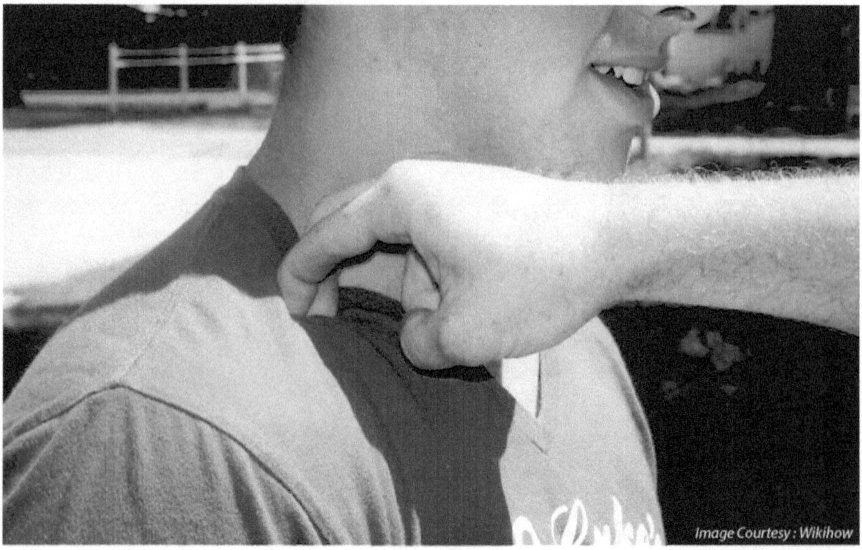

गले की हड्डी पर मारने से व्यक्ति आपको एक सेकण्ड में छोड़ देगा द्य जोर से इस हिस्से पर मारने से वो मार भी सकता हैं।

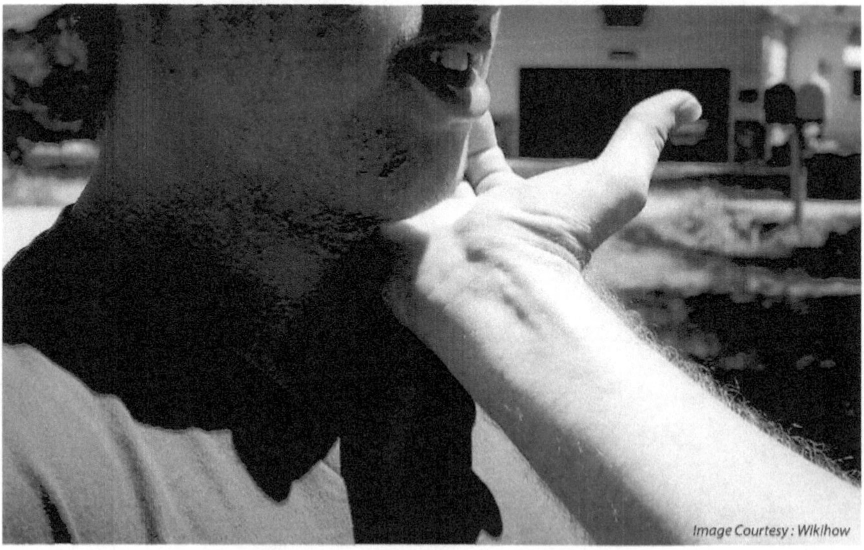

बाइसेप्स को नहीं जोर से दबाने से व्यक्ति ढीला पड़ जायेगा।

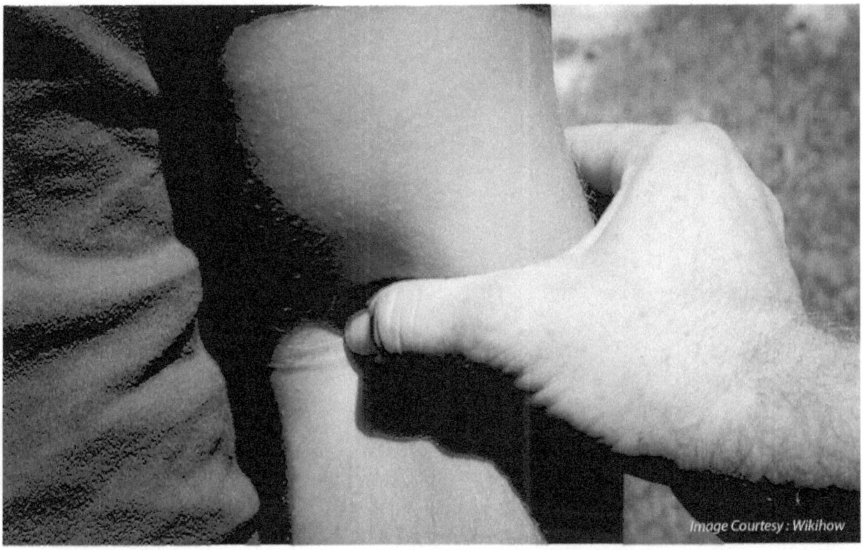

मुट्ठी बांधकर अगर छाती के बीचोंबीच मारा जाए तो व्यक्ति को सांस लेने में परेशानी हो सकती है।

पैरों से सामने वाले का पैर को जोर से दबा देना।

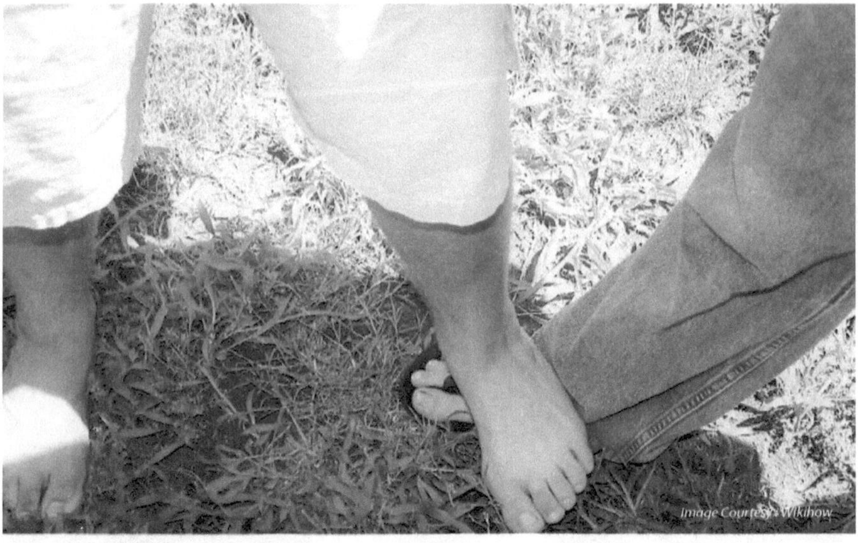

हेल्पलाइन नंबर

पुरे भारत में

वीमेन हेल्पलाइन १०९१/१०९०
नेशनल कमीशन फॉर वीमेन ०१११—२३२१९७५०

दिल्ली

दिल्ली कमीशन फॉर वीमेन
०११ २३३७८०४४ / २३३७८३१७ /२३३७०५९७
दिल्ली से बाहर की हेल्पलाइन
०११—२७०३४८७३ /२७०३४८७४
वीमेन इन डिस्ट्रेस
१०९१
पुलिस कण्ट्रोल रूम
१००
चाइल्ड हेल्पलाइन
१०९८
एंटी स्टाकिंग याा ओब्सेंस कॉल्स
१०९६
चाइल्ड ,स्टूडेंट और सीनियर सिटीजन
१२९१

आंध्र प्रदेश

हैदराबाद / सिकंदराबाद — वीमेन पुलिस स्टेशन
०४० — २७८५३५०८
हैदराबाद वीमेन पुलिस स्टेशन
०४०२७८५२४०० / ४८५२

बैंगलोर

वीमेन पुलिस हेल्पलाइन बैंगलोर (वनिता सहायवानी)
०८०२२९४३२२५
बैंगलोर ट्रैफिक पुलिस
०८०—२२८६८४४४ / २२८६८५५०

चंडीगढ़

वीमेन पुलिस एक्सचेंज
१७२२७४१९००
हरयाणा
वीमेन एंड चाइल्ड हेल्पलाइन ०१२४—२३३५१००

हिमाचल प्रदेश

वीमेन कमीशन
९८१६०६६४२१/०९४१८६३६३२६ / ०९८१६८८२४९१
९४१८३८४२१५

मुंबई

रेलवे पुलिस
९८३३३३११११
मुंबई पुलिस हेल्पलाइन
१०० / १०३
नवी मुंबई पुलिस स्टेशन
०२२२७५८ / ०२५५

पंजाब

वीमेन हेल्पलाइन
९७८११०१०९१

तमिल नाडु

वीमेन हेल्पलाइन
०४४–२८५९२७५०
वीमेन पुलिस स्टेशन , अडयार
०४४–२४४१५७३२ / ०४४–२३४५२५८६

त्रिपुरा

वीमेन हेल्पलाइन नंबर
०३८१–२३२३३५५ / ०३८१२३२२९१२

राजस्थान

निर्भया संभाली हेल्पलाइन
१८००–१२०००२०
वीमेन पुलिस स्टेशन जोधपुर
०२९१–२०१२१२२

कर्नाटक

वीमेन पुलिस हेल्पलाइन
०८२१–२४१८४००
मिसरे वीमेन पुलिस स्टेशन
०८२१–२४१८११० / २४१८४१०

केरल

वनिता हेल्पलाइन नंबर ऑफ केरला पुलिस , त्रिवेंद्रम
९९९५३९९९५३
स्टेट वनिता सेल
०४७१–२३३८१००
वीमेन सेल , कोल्लम
०४७४–२७४२३७६
वीमेन सेल , कोच्ची
०४८४–२३९६७३०

सधन्यवाद

उम्मीद करता हूँ आपको पुस्तक पढ़कर काफी जरुरी जानकारी और काफी सरे सवालों के जवाब मिल गए होंगे। आपने अपना समय निकालकर इस किताब को पढ़ा उसके लिए आभार।

www.ingramcontent.com/pod-product-compliance
Lightning Source LLC
Chambersburg PA
CBHW022203160726
48282CB00024B/303
* 9 7 8 9 3 5 2 8 1 6 3 5 4 *